Poesia Original

TANGENTE DO COBRE

# Tangente do cobre

ALEXANDRE PILATI

*Poemas*

1ª edição, São Paulo, 2021

LARANJA ● ORIGINAL

# SUMÁRIO

I Conjuntura  9

DUAS FÁBULAS  33

II Você volta pra ela  41

DAMARIA  71

III Bate outra vez  83

*Wähle unter den Fehlern*
*die dir gegeben sind,*
*aber wähle richtig*[1].
Hans Magnus Enzensberger


*Si le cuivre s'éveille clairon, il n'y a rien de sa faute*[2].
Arthur Rimbaud

# I Conjuntura

## INSTÂNCIA

Dar à verdade seu peso.
Já é muito em dias de cão.
Dispor a realidade antes
das manhas da mistificação.
Nenhuma flor jamais nasceu
do delírio e dos grilhões.
A lucidez é o mais bonito.
Ela pesa.
A palavra que pensa
é a mais necessária.
É livre a lucidez
e imperiosa.
Ela pesa.

Organizar.
Dar a um e outro o denso
da História. A todos, esse denso.
Ordenar. Classificar. Sistematizar.
Propor e entender a hierarquia.
O grande é o maior.
O médio é pequeno,
mas não em relação ao pequeno.
E entre todos: o menor é o pequeno-
burguês; seja grande, médio ou pequeno.

Cultivar. E cultivar-se.
Um céu negro às três da tarde.
Isso é um pedido por tudo

que se inventa
com sensibilidade, com inteligência.
É a arte aquilo que dobra a esquina;
cavalos, há tempo, se dobram à arte.

Estar junto. Os dedos,
os braços, as pernas e os ventres
em movimento fazem um outro corpo.
Que não é deus. Que não admite deus
nenhum e que encarna o dever.
Outra coisa que vive estará, simplesmente.

Escolher as ferramentas.
Há tantas. Há úteis. Inúteis.
Quem quer gritar não usará alicates.
Quem quer silêncio que abra mão
de máquinas que produzem vento.
Usar os apetrechos justos
para mover o carro da miséria.
Empurrá-lo país acima.
Saber.
Saber o ponto que escolheria
Arquimedes. Saber este ponto.
Saber que ele é de verdade
e fica no chão à espera
de nosso coração
e dos seus dispositivos.

Não dizer não aos filósofos.
Interpretar: como um passo para
transfigurar.

A transfiguração: como forma
de interpretar. Narrar. Por em palavras,
pelas palavras, através das palavras.
Uma forma de transformar.

Rasgar a solidariedade
e saber chutar. Na selva
vige a selva. E que argumento
há melhor que o punho
em olhos fascistas?
Rasgar a solidariedade,
que é este um ato de liberdade.
É preciso.

É preciso transformar-se.
Transformar-te. Transformá-lo.
Não é uma tese. É uma ordem.
Uma casa onde se casam
causas e acasos.
Perder o medo do povo.
E impor ao pusilânime
temor do povo.

Não ter bandeiras.
Mas ter orgulho.
E ter orgulho das bandeiras.
Ter orgulho desta garganta
que quer ferir e quer fundar
porque grávida de terra,
de ferro e de raiva.
Luz do solo,

paixão do concreto,
ar presente e azul,
desacerto.

Ou poesia?

## TÁBUA DA LEI

debaixo deste telhado de paiol
– range-range seco, país de palha –
há um fósforo, uma caixa de fósforos
cuja marca é 'ordem e progresso'

... e uma tabuleta com gravada lição

"risque para descobrir
em quanto combustível
estamos mergulhados"

## CONJUNTURA

apesar das tantas
provas em contrário
desgraças não ocorrem
de uma vez
não são amantes
do abrupto
as desgraças

o que era vidro
não explode
devagar destitui-se

não como tricô
que se desenleia
ou gelo que deságua
de si mesmo
a doridas gotas

é uma compoteira
a desgraça
que faz os cacos
brotarem prafóra

é um pote
a desgraça
que perde os dentes
ao longe do tempo

um mansamente despercebido e eis que

um dia entra-se pela sala
com as tarefas do trabalho
ainda na cabeça
a calça apertada
um choro
quer escorrer
não tem por onde
o coração armado
o peso das moedas

e nota-se a desgraça
já feita
aos cacos
que inventam um mapa
na trilha burguesa
que atravessamos
rotina adiante

os cacos
agora poças
de leite duro
espraiado

se agachamos
vemos
são pequenas
pedrinhas de sangue
que nos parecem
resultar de uma explosão

cacos que sem desculpa
e com paciência nasceram
discretos insetos
no piso
ao longo dos anos
em que felizes
acreditamos

que nada estouraria
a não ser os fogos
a festejar
todos os anos
o advento de nossa tranquila
consciência alheia

que sempre atravessou os séculos
desatenta ao tamborilar de cupins
que moram nos elementos que
como a tarde
as ruas pobres
o sexo fugidio
e a gritaria
muda do conforto

se arruínam

# O AR

É pegajoso junto ao sangue
premido se urgente
sufocado na prisão
aparatoso junto à solidão

É sólido se manhã ou inverno
esburacado quando anoitece no sertão

Pode empoeirar-se de velho
despedaça-se num tiroteio
resta embalsamado no horizonte
destilado no baque do corpo no chão

É espalhado em roda das aves
líquido ou volátil se amor

Derretido na praia ou nas rosas
vitrificado nas mercadorias
elástico nas renitentes agonias
fermentado se morre um amigo

Engorda na saudade,
é recalque nas pedras

E dentro de ti sabe a destino
dentro de ti morre contigo
renuncia lento a cada célula do corpo
porque morto não tem ar
não tem adjetivo

## GRITO DE BODE

dizer ao senhor
que me serve
"por enquanto só quero isso".

enquanto o carro fura um sinal
enquanto crianças trocam um pó
enquanto alguém escava o lixo
enquanto o ano desce a ladeira
enquanto o funeral estoura o céu
enquanto todos os corações vivos batem
enquanto a chuva apenas arrasta sua cobra mole no acostamento.

dizer este grande desejo,
este "por enquanto só isso", ao senhor
que não me ajuda e me serve,
é adiar a loucura. dar nome ao mal?
entreter o tempo com a pele passada.
"por enquanto é só isso".
e o senhor vai embora.
enquanto esperamos vir o minuto seguinte,
que não se fará novo.

fora do enquanto, ou dentro,
agindo semente, dente de leite
a história que firme deslinda-se
diante de nós
enquanto dizemos "por enquanto

é só isso": a revolta e sua dança;
fábrica de hélices e grito de bode.

por enquanto é só isso.

## O INTÉRRITO

O que é isso?

Que nós jogamos fora? Que adquirimos?
Que afundamos no chão raso deste oceano infantil?
Que afogamos no prazer; que afogamos por prazer?

O que é isso?

Que afogamos os sentidos? Que afogamos o umbigo?
Que afogamos o outro, o outono, a beleza?
O que é isso que somos sem jamais ter sido?
O que é isso físico? O que é isso metafísico?
Fisicamente metafísico? É feitiço o que é isso?

O que é isso?

Tão obscurecido em nossa cabeça?
Tão brilhante e triste em nossa testa?
O que é essa chaga, em forma de chama, de cavalos?

O que é isso?

Esta mesa o que é?
Que pensa, esta mesa, como eu?
Esta mesa, que tem olhos, como eu?
Que tem pernas, tem pentelhos, esta mesa, como eu?
Esta mesa que dança, que sonha, o que é isso?

O que é isso?

Este balé, comigo, contigo, com nosso ventre?
Esta saúde de ferro, este cérebro eletrônico, corpo animal?
O que é isso em sua voz? O que é o morto, violão? Esta lira?

O que é isso?

O que é isso, meu Deus?
É a sua voz que vem d'além? Isso o que é?
Isso que pega a massa da vida?
Isso que faz dessa massa um peso – morto?
O que é isso, meu deus? Isso é você? É eu?
O que você valia? O que valeu?

Quanto vale, agora, esta mesa?

## ESTUDO PARA SONHO

nas tardes de sábado
as cidades ficam irmãs
ombreiam-se de Quito a Calcutá
Uagadugu ou São Paulo.

todas (ou quase todas)
nos cedem, estufas silentes,
o quente conforto
de um abraço-mundo

onde as árvores põem
as sombras e dispersam-se
por momentos preciosos
as unhas de ameaça do futuro.

podemos talvez engatinhar
atrás de uma brisa de ilusão
ou preguiça, nariz à janela
ou pés no chão popular da praça

(encare às quinze e trinta e um
de uma tarde de sábado
quem mora na rua bem
dentro do ouro sujo dos olhos

e ouça de sua boca fechada
os estilhaços de vida, flores
e sonhos viajarem

até você em murmúrio motor).

pois o dinheiro tropeça
em suas próprias pernas
golpeado por uma luz
que sangra sonho.

luz que ao ampliar-se
deita-nos em um colo
imenso, triste e bom:
dispensa-se a dor
apagam-se energias.

são uterinas as cidades
quando as tardes de sábado
deixam supor que estamos
sob um manto de amor.

## QUEIMADA

a palma da mão é silenciosa e longínqua.
a planície dorme em nossos olhos independentemente.
não está parada a forma rígida que ampara o amargo olhar.
a planície é um ângulo de guinada apenas calor.

as árvores estão em fogo e não dormem jamais.
e não querem morrer jamais as árvores em fogo.
a palma da mão tem a agonia da ação, da febre.
o fogo enlouquece e solta sua vida.

as árvores são rochas, estátuas, de sono.
as árvores dormem dentro da planície e não sofrem.
a palma da mão não salvará as árvores e sofre.
as árvores queimam sonâmbulas na planície de fogo.

as árvores sonham rigorosas com a liberdade
que sabem parir para a próxima estação de dentro das cinzas.

a palma da mão, em sua ânsia,
é pura plástica; inútil geometria da vigília
– coisa que se queima distante do fogo.

## QUE HORAS SÃO?

os sinos dobram silêncio
o vento dança radial
o dinheiro é uma besta
que abre a terra à unha

esta é a hora dos mortos
a hora dos mortos sem sepultura

caem os tetos flamejantes
atravessam o futuro os tiros
a fome é uma chuva ácida
que se deita num imóvel coração

esta é a hora dos relógios
que batem nos pulsos dos mortos

## O SONHO DE UMA COISA[3]

*Para Simone Brantes*

eu tenho
um irmão chinês.

sob as máscaras,
nossas bocas
se parecem
demasiadamente.

a micro-história
dos dentes
é semelhante:
um se partiu
na juventude;
outro se extraiu
com extrema
dificuldade,
os molares doem
quando sentimos
medo ou rimos alto.

desta distância
disparatada,
construída
sem nossa ajuda,
podemos ainda
reconhecer
um ao outro.

ele diz que sonhou
comigo, eu acho
que o pus
em algum
dos meus
recentes pesadelos.

nesses sonhos,
quase delírios,
pegávamos
antigas notas
muito puídas
de dólares
ou outro dinheiro
sem valor
desta Terra
ou de outra;
depois, tremendo,
lavávamos
as mãos
com um sortilégio pegajoso
que cheirava a sabão.

nossas mãos,
então, se grudavam
e não era possível
mais separarmo-nos
sob nenhum
decreto ou vontade.

eu tenho
um irmão chinês.

e ele me ajuda
a aprender e ensinar
aquele cumprimento solene
em que as espinhas se dobram
a qualquer coisa
e a qualquer um:
até à mais ínfima
criatura, que não
fala, mas empunha
uma tocha
que se crava
na fenda aberta
de um globo
rompido.

agora
neste dia novo
já que estamos
tão íntimos
eu e meu irmão chinês
sairemos pela tarde
austera e crua
e esperaremos
que não seja tarde demais
para as flores, a lágrima,
o desenho à mão livre,
o amanhecer.

## DA PORTA PRA LÁ

É um deserto
Não tem amor
Não tem perdão
Não tens no mato um cão

É uma insônia só
        Que queima a água dos olhos

E a poesia?
É a flor aquela...
Que entristece o vaso

# DUAS FÁBULAS

## CONTRA A PRÓPRIA CABEÇA

I

"Dir-se-ia completamente adequado
o documento", afirmou um dos estafetas,
"justo ao tempo",
que pedia as providências
com energia, coragem.

Punha correntes, ligava luzes,
providenciava esparadrapos,
era pleno de forcas,
cassetetes, bigornas, algemas:
o documento.

Então, veio a vitória das grades, as casas
encarceradas, as crianças
na coleira, as mulheres na gaiola,
a pele das ideias fechada
a cadeado.

– Para nossa segurança...

Estava publicado o decreto;
cumprir agora, o que é fácil,
dada nossa larga
experiência no riscado
de executar sambas no vazio.

II

Desceram das montanhas.
Sem alarde, despercebidos.
Como quem caminhasse
dois metros abaixo
da superfície duma lama.
E já naquela altura
respirávamos o seu ar
de gelo.
Eram pardacentos. Confundiam-se
com o cinza das montanhas,
a tez do cimento,
o fumo dos escapamentos.
Eram capazes da camuflagem
e vieram derramando-se,
penetrando na terra,
ganhando as paredes,
afundando-se
nos meios de comunicação.
Assim, se nos lembrássemos,
se nos fosse dada a língua da história,
contaríamos a chegada,
nas arestas da cidade,
dos bichos, e nos poros
de nossas roupas.

Os bichos ensinaram o sol
a bater, com a cauda,
uma continência...

contra a própria cabeça.

III

Engalfinham-se hoje
os lacaios a desejar
promoção a carrascos.

Sempre fora difícil
enxergar os bichos
para além de nós.

Mais difícil ainda foi ter
de assumir que os bichos
agora dormiam em nossos travesseiros.

E o documento,
justo ao tempo,
foi usado pelos bichos.
Que aprenderam a ler,
legislar, debater,
assumir postos importantes
na alta administração da república.

Em noites frias de março,
calha-lhes sair de carro
pela cidade; e atiram, os bichos!

E muitos que não se acham bichos,
e mesmo os que não enxergam os bichos,
seguem puxando gatilhos.

Nossa língua se decompôs

em uivo. Igrejas e trios elétricos
passaram a carregar a selva.

Com os bichos, decreto
em punho, aprendemos a sorrir
com grandes íris de sangue.

E a atirar.
Contra a própria cabeça.

FANTASIA

Num tempo como este,
é talvez inesperado
que os bois sambem.

Mas, não custa reiterar,
os bois sabem sambar,
sabem que há urgência em balançar.

Pouco lhes importa o ano, o clima, a conjuntura.

Podem fazê-lo, bovinamente,
a qualquer hora.
Inclusive num tempo como este,
que passa de improviso
sobre nossas cabeças.

E não precisam de avenida:
os bois fazem de qualquer pasto
o seu sambódromo.

Quando sambam, os bois reiteram
o peso que carregam; peso que é
o ser boi em meio a tantas coisas sutis.

Derivam, às vezes, do samba
ao frevo e ao axé, mas seguem,
com disciplina, amassando o capim,
que é seu lugar, seu combustível,

sob os pés, ao redor da língua
e, é claro, entre os dentes muito lerdos.

Como se fosse o seu tempo
o mesmo das lesmas, os bois cantam
marchinhas e sambas-canção
em seu carnaval feito de câmera lenta.

Nos bois, a lentidão é uma lei
que não se revoga por qualquer folia.

E lá vão os bois em seu bloco,
como se dentro de um aquário
em que a gravidade assumiu vida própria.
E lá vão os bois em seu samba
com seus olhos tão tristes,
que nenhuma alegria transitória
é capaz de conspurcar.

Esta, de fato, a lição do amplo gado
que, no entardecer feliz
de uma terça-feira gorda,
desliza quase a fórceps
na paisagem:
os bois, ao sambarem,
não deixam jamais de ser bois.

Ruminam, mugem e pastam.
Esta é, dizem os cientistas,
a parte melhor
da sua lúcida e silenciosa
fantasia.

## II  Você volta pra ela

## PEGADA[4]

*Crusoé*

"Eu devia ter me ajoelhado –
e te farejado o cheiro – o nariz
bem rente à areia, buscando
de teu trajeto os contornos
ainda não desenhados
no chão da ilha,
que não mais me pertencia.
Eu pude, apenas, de joelhos,
tremer diante do teu tamanho,
maior que as terras e os portos,
as armas e os terremotos.
Teu tamanho é o de um pé,
que humano esmaga a solidão
e esfola a paz.
Ser humano é já não saber
que se faça à frente do conflito
embora não haja nada além
de querê-lo, acima de qualquer Lei.

Eu devia pedir a Deus qualquer coisa.
Eu não tinha mais, contudo, a minha língua,
pois me fizeste esquecê-la. Eu sabia
a língua de Deus, mas não sabia a tua.
Já a soubera? Desaprendera-a? Mera gagueira?
Eu devia abraçar-te, devia levar-te comigo
para onde eu fosse: por outros naufrágios,

pelos esquadros febris ou pelos astros.
E tu és de espaço, vazia e prenhe;
e eu sou de gelo, agora que entendi
teu corpo, teu rabisco, esta tua forma
de ser sorriso e ter olhos luciferinos.

Quando caí diante de ti, vi os homens,
tive medo, desejo pelas mulheres, quis
matar e quis morrer. Diante de ti, destruí
as regras de mim e me refiz.
E nem tive resposta, por aprender
de vez a inscrever no peito do dia
as necessárias perguntas: entre as
quais a mais importante – sobre
justiça, sobre pontos finais, sobre fome.

És bem maior que eu, que meu pé,
que meus mantras e que meu futuro.
Calcanho que, desde aquele dia,
aperta-me o coração, sufoca-o.
És aguda, pegada, pois me despertas
para o sonho, do pesadelo.
E eu sou a triste figura que te cai
à frente: derrotado, silente, faminto, radiante.

Até ti, fui espectro. Andei sombra
entre as vagas, um Deus sem dentes,
uma natura indiferente.
Tu me trouxeste milhares e depois
pude parir outros milhares, entre os quais
eu, e esta ausência que é teu nome,
flutuando no calor, à espera da História.

O passo que gravaste diante mim
– milagre, outra margem, sílaba, desvão –
faz-me bicho e de bicho me engendra em gente.
És a gramática que me faz dizer eu, és o sentido
desesperado de meu trabalho, és o valor
perdido, inavaliável, inconcebível, intermitente.
És, pegada, o rastro da vida na praia da morte.
És minha irmã e inimiga, és algo que deu
à minha história a beleza maior
que os poetas, os perdidos, podem querer:

a beleza que assoma do chão batido
de uma alma que apenas não sabe;
e cujo odor velho é melhor quando se define
pela pólvora das contradições."

## CONTO DE FADAS

karl marx ainda não havia escrito o Capital
aliás estava mesmo muito longe disso
dizem que foi lá no tempo dos bichos que falam

a elegante jenny deu-lhe
sem ter nem pra quê
o apelido de "meu javali selvagem"

talvez por isso
(que essas coisas só se dão nos contos de fadas)
ele tenha escrito
3 (três) cadernos de poemas,
oferecidos a ela no Natal frio de 1836

ao entregar-lhe os versos sentiu de perto
o que seria o cheiro breve da palavra arrepio
o Natal virou algo quente sob o miocárdio

jenny – uma labareda de cabelos castanhos –
tinha em suas mãos o "livro dos cantos" e o "livro do amor"
que retribuíam à altura o apelido mais adequado que
aquele trovão barbudo e moreno poderia receber

e eis que a rainha do baile
excepcionalmente simples e bela
alimentou com delírio
o javali selvagem

que rasgou a garganta do mundo
ao semear dragões
por toda a terra

POESIA

Ele sabia a cor do sol. Os dentes, a morte.
Um tiro, o som eterno na revolução.

Sua mãe era Alexandra Alecksciéievna.
Daí talvez as camisas amarelas-símbolo.

Vladímir Constantínovich, o pai,
antes de morrer em 1906,
teria dito que "a anatomia ficara louca"?

Liuda e Ólia
eram sangue da mesma cidade.

A cidade do futuro.
Um jeito de cabeça. Um cheiro. É a família.
Uma flor de sempre-voz.

"Acho que não existe mais nenhum outro Maiakóvski."[2]

Acaso existirão outros poetas?

*ABATTIS* PARA RODIN[6]


o braço e o punho como irmãos
mil vezes repetidos
em tentativas de espelho
ao longo da vida
o braço anzol
em que um homem
até poderia fisgar
de dentro de si o menino
o braço de anzol
de fauno ou feno
com que o homem saca
de dentro de si
os medos de menino
o braço de ferro,
de mármore, de gelo
que rompe a casca,
cria a casa e pesca
o homem-conteúdo


uma coxa humana como uma pedra
bruta ao sol, quente,
lagarto de fogo
uma coxa divina grande
onde caiba, onde se crie
um filho híbrido
de sangue azul e quente
feito o sol e seu cabelos
uma hematita imensa,

réptil sem rabo,
de sangue fervente,
pedra de músculos
uma coxa humana,
compacta como um monossílabo
forma pura de força,
de vida e de faiança

olhos sem fragor da mãe
quando leves na dor na agonia
olhos de mãe plenos ou vazios
vesgos ou cegos ou míopes
olhos de mãe eternamente
emprestados à Madona de Bruges

a boca que abre margens
à espera do café
a boca que se contrai
nos azuis noturnos da dor
a boca do terror
como a boca da noite
uma boca só bordas
em cúmplice silêncio
sem terceira margem
ou língua de prazer

tronco e membros em estado hierático
humano destino o tronco
cumprido em ombros
em sagrado cumprimento

sem fragor ou suspiro
corpo e membros como um K
maiúsculo: um K de Kafka

## DOMÉSTICA

o cheiro do frango
cozinhando na pressão
temperado com alho sal
e outras pobres especiarias em pó

arremeda

os fósforos vivos
a flor imbatível
o travesseiro alienado
a onda do mar a sorrir
a bunda cosmonáutica
o coice dos déficits

também arremeda

a mão quente
com que qualquer um
é capaz de escrever
luz avião contrapelo Liechtenstein...

não é preciso teoria
para entrar de cabeça
neste pântano perfumado
que se deslumbra entre

as teias de aranha
e as casas de botão
as porcas as gelosias
furos de fechaduras
reentrâncias de insetos
no rejunte e nos vãos de garfos

que a poesia num repente
preenche sem titubear

apenas um corpo que mais ou menos
funcione é o que basta

um corpo em severa desatenção
em apetite sonâmbulo
um corpo buraco

quando a casa se enche
do cheiro de frango
cozinhando na pressão

convocando-nos
às agulhas do indiscernido

*FESTINA LENTE*

Quem voltou
nos disse:
que a barba dos jovens
segue crescendo
dois dias
com pressa lenta
após os olhos se fecharem.

Leis da vida, leis do caos.

O rio segue o seu curso.
Gritos afundam.
Alguém espera o retorno
com a fisionomia espessa.
Os cães passam e desentendem.
O crepúsculo procria.

Há uma dança próxima da dor
ao longe, no subterrâneo,
que se chama a guerra e seus nãos;
lá dentro: na cova que recebe
estes filhos, meninos,
que nem mereceram nuvens.

O tempo é incorrigível e velho.
Tal como ruínas que flutuam
acima do andar mais alto.
O vento são sílabas:

um sangue sem células,
de um vermelho translúcido.

Eu respiro, ainda.
Ainda, tu respiras.

Mas diga sim, coração.

O amor sabe esperar não,
vai devagar
rapidamente.
Pois tem a tarefa de negar a morte.

O amor como um tigre
abre os olhos do fim,
raspa a barba morta dos soldados,
que revivem dentro do púbere aniquilar.

Eles não voltam. Eles não voltarão.
Nem que alguém sorria,
pois o luto é o peito da pedra.

A pressa é amiga da lentidão.
E o amor é esta rosa, esta lua,
que chamamos saudade.

Lembrança: a resistência dos fantasmas
que dedilham,
dos jardins aos céus do Mediterrâneo,
os acentos da luz.

*Beirute, março de 2019*

ATALAIA

dormiu no ponto

acordou dentro
do pesadelo

de olhos bem abertos

tinha uma cobra
na cama do sonho

mas ela era fiel
– como deus é fiel –
tranquila e aparentemente
mansa

e só estava de boa
chocando o ovo

envenenando
gota a gota

mas era um sonho
ruim na verdade

nem deu bola

e de manhã

foi pra cima do vizinho

com a raiva na mão
de olhos bem abertos

## TRANQUILITO

Chegue bem perto do facínora.
Fareje suas roupas, o cangote.
Não há outra catinga possível.
O facínora cheira a homem.

Adentre a casa do facínora.
Sinta-a por dentro. Faça um safári
através da saleta, viaje nos cômodos.
A casa do facínora é um lar.

Se der, converse com a mulher.
Faça graça com as crianças.
O facínora é mesmo um pai de família.

Reviste os documentos, repare no lixo.
Em lençóis pequeno-bugueses dorme
e até sonha, tranquilito, o facínora.

## DE NOITE EU RONDO A CIDADE

três ou dois pipocos
e apenas isso basta
para uma cara na calçada

outra cara achatada na calçada
a sirene é a última lembrança
de algo sublime dentro do trevor

quando a tropa vira a esquina
há quem diga que é o cobre um clarim que urra

enquanto um cão que não late nem morde
cheira o sangue e uiva imitando as sereias azedas

a tropa que dobra a esquina enquanto
a noite toda se transforma em cortejo fúnebre
até a tua soleira
sem tambor ou música

outra cara achatada na calçada
três ou dois pipocos
e apenas isso basta

## BALEIA

naquela beira da cerca
está posto no chão
o olhar da cachorra ferida

naquela seca do chão
está disposto o sangue
duro da cadela ferida

aquele olhar define
pelos erros de todos
a cachorra que morre
entre a cerca e a seca

em miúdo manso desespero
sua força sua vida sua esperança
todas presas no cadeado do instante

imóvel longo lento instante
em que o ar e o existir divorciam-se
para todos os séculos vindouros

a cadela ainda aprecia a coceira
de quando a carne se torna areia
e matéria para osso e abutre

o por do sol também é fato grandioso
para o raso de seus olhos
onde se intui certa evidência de sonho

a cadela morre sem volta
a cachorra leva no colo a boca
sem dentes que ontem nos sorriu

através da infâmia que é uma criança sem casa

## O CÃO CHUPANDO MANGA

"Não sabe português
Traiu a pátria
Tem pé de bode e quatro dedos
Fez pacto com o capeta
Não sabe ler
Tem que morrer na cadeia
A pele da mão é grossa e suja
É o chefe da quadrilha
Arrancou o couro da mãe
Bate nas filhas
Roubou tudo que pôde e pôs na Suíça
É macumbeiro
É maconheiro
É cachaceiro
É de direita
Tem a língua presa e não tem modos
Fugiu da escola
Anticristo que blasfema
É corrupto e pilantra
Cortou um dedo pra não trabalhar
É vagabundo
Matou o próprio pai
Não tem espelho em casa a besta arrogante
Não usa cueca nem guardanapo
Tem que levar tiro na cara
Aparelhou o poder e comprou o Facebook
Não está preso está na Bolívia tomando tequila
É amigo do Maluf

Acabou com o país
Não fez mais do que a obrigação
Palita dente
Comunista pedófilo
Não tem diploma
É o diabo
Não tem berço
Acabou com a esperança
É preguiçoso
Tem rabo e pé de bode
Traiu a revolução
Quebrou o Brasil
Me dá medo quando vem com aquela barba
É nojento é pobre é podre
Fede
Amigo de banqueiro
É a pior coisa que existe
Fala palavrão
E o povo burro ainda acredita nele
Não tem educação
É popular
Quer que a bandeira do país seja vermelha
Não sabe escrever
Sempre foi pelego
De noite ganha chifres e dente grande
Nordestino desgraçado." – disse
o cão chupando manga.

## DIA DE REIS

Abre o porta-malas do fuque.

Parafusos, porcas, marmita, pedras, óculos de solda, parafusos, pregos, porcas, fios elétricos, cordas, cordões, muitas chaves, parafusos, papelão, porcas, estopa, chaves-de-fenda, pregos, gesso, correntinhas, faca, garfo, colher, arames, arames, arames, ferro de solda, borracha, resto de uma gaiola, chave-de-roda, inglesa, cimento branco, uma botina, gesso, pedras, bocais, cadeados, parafusos, porcas, fios, panelinha, brocas, chapa de metal, alicate.

Diz-que "só miudeza"; – Tem?

– Umas lampadinhas de Natal, quer?

Três dedos grossos na pala do boné, à direita, perto do H de Hollywood. Cai cinza, fumaça zanza.

– Obrigado, sim senhor.

– Não há de quê, hoje é Dia de Reis.

O fuque arranca numa zoada boa, de coisa viva. Chacoalhando no ventre. Zoada boa. De coisa enjeitada que encontra um útero. E uma outra chance.

O retrovisor tem olhos a sorrir.

# CURUMIM

> ... elle balance.
> Sur le plumage instrumental,
> Musicienne du silence.
> Mallarmé

a mãe está no alto
sobre ossos santa
sentada no altar
buda magra acima
de todas as tumbas

ereta ainda no útero
sem bordas da noite
ampliada à última
unha da estratosfera
a mãe está no alto

de lá despalanca
a fusão de tudo
miseravelmente
formado à deriva
do delírio do delito

não há entretons
nesta hora de maria
desde ali onde
mira-a o curumim
para a tornar beleza

a crase do fumo
e da garra da vida

brilhando no fundo
dos olhos de vidro
que ainda buscam a fé

## LAVA-JATO

deividi: é o nome dele!

doze anos
a dez do bayern

menino
de ouro negro

manchester o time
do coração

de cor a escalação
do escrete catalão

(de casilliash a soareish
os moços do barça
ainda mais sexis
no sotaque da cidade
de S. Sebastião do Rio de Janeiro)

acha graça nas antigas
gírias futebolísticas
tipo: "sem pai nem mãe"

a baía logo lá
um espelho do seu
sorriso vazio

acha bom, bonito
sorri

não bate bola mais
agora
tá de serviço

ele é herói
é o guarda
do lava-jato

e da boca
dentro do
lava-jato
(homem da justiça)

depois da marmita
o aço do fuzil
esquenta
meio-dia e polícia

é ponta-de-lança
é meio-campo
é deividi, é o nome dele

tem o asfalto a seus pés
e o domina
deixa-o tonto
anjo torto
furacão
atleta do século

pronto para matar e morrer

como uma pedra no meio do caminho
guarda a entrada da boca do lava-jato

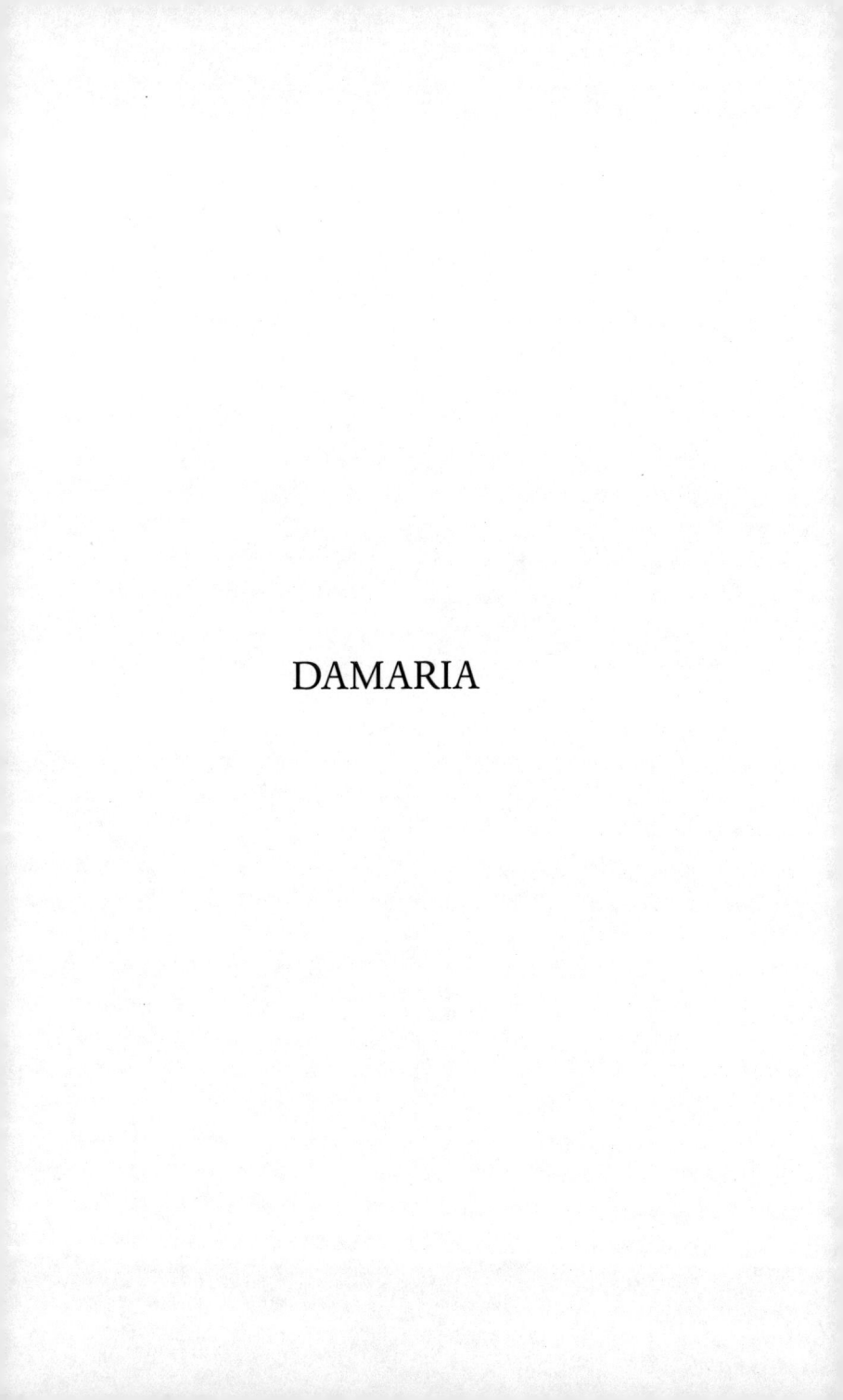

DAMARIA

## VOCÊ VOLTA PRA ELA

é bom sair por aí
sabendo que ela ainda toma
seu gim com limão ou qualquer outra coisa
que seque as lágrimas e tenha a força
de queimar todos todos mesmo todos
os arrependimentos

é bom saber
sol à testa numa estrada por aí
que ela canta com umas asas novas
que ela tem a garra e a graça de uma flor
de uma fonte que nunca desiste de viver
e tomar o seu gim como fazem
todas as garotas atravessadas pelo dom

é bom saber
da poesia que se dissipa na prosa
de qualquer canela a perder-se no mundo
atrás apenas de um amor de um gim
de um colo de um espaço
de uma fresta que manche a monotonia
entre agudos de corvo e graves de canário

é bom saber que há gente
em forma de vulcão
que resgata da tragédia
a súmula santa
da vida que de nada necessita

a não ser sair por aí
sabendo que ela continua
nos tirando da lama
do breu
tomando seu gim
em nome da beleza

BIFOCAL

Na hora de comer põe os óculos.
Assanhada pra ver detalhes do repasto.

Gordurinhas, ossos, caldos, cartilagens
queimadinhos: um gozo atrás do outro.

Tudo lambe. Tudo chupa.
Depois os dentes, ante a telenovela.

Não vira os olhos. Pra não
desconcentrar. Acalma-se.

Na hora de servir tira os óculos.
Pra desver do velho o pútrido ofício.

No quarto aceso, o cruelento é uma mancha.
Um dínamo desconhecido. Nem é mais velho:
um diabo, o lobisomem.

Não fecha os olhos quase inúteis.
Pra não esquecer a sevícia.

E já há anos: arregala bem os olhos quase inúteis
pra ver se adivinha ou divisa a hora melhor de matar.

## AMIGA VÊNUS

sobre ti
atuará o vento
áspero da História

e a pele mineral
guardará certos garranchos
do entrecho

mas a
tua beleza
procederá por dentro
dos séculos

com o sereno jeito
de quem anda
através de um pasto
quando é amanhecer

ou de quem sabe
que seu legítimo lugar
é o quadrante preservado

da luz rebatida em nácar.

RAINHA

ramona bate na cara
rabisca na cara
à navalha
porque não sabe
escrever de outro jeito

ramona te quebra
o nariz te leva a carteira
te rasga o rabo as vestes
te mata até a alma
e sabe que foi golpe

ramona ri
ramona tem pinto
usa turbante
pode ficar de pau duro
lhe falta dente
lhe alegraram as flores
o sangue ela limpa

ramona é humana
é a rainha da república

o país e nossa miséria
estão nas rugas
tristes do sorriso
gigante de ramona

"no dia que sonhei
quis mudar meu nome
pra Vera mas desisti:
ramona é mais a minha
cara, cara de rainha"

GRAÇA

de pequena
aprendeu a rir
das desgraças

as suas
bem se diga
sobre todas
as outras

gosta de rir sempre
do bom humor fazer
a prova dos nove

quando ri solto sua gargalhada

recobra um
a um os dentes
deixados pelas duras curvas do caminho

## SAFO

não resiste
ao tempo apenas
o que se gravou

não resiste
ao tempo apenas
o que se amou

não resiste
ao tempo apenas
o que cantou

no futuro eu sei
de mim de ti
alguém saberá
o gosto

no futuro eu sei
também haverá
a ilha, a lira e nós

## O AR DE HABITUAL DE TIA OLGA

Da infância ainda guarda
alguns átomos no olhar
e a lembrança do último
segundo antes de o corpo
sentar-se ao trono tirano do tempo:

para perpetuar nos nervos bambos
a chama pânica do gelo e do sal.

Na soleira galvânica da sombra
– da solidão –
o riso preso é uma praça
onde os seres que já passaram
debatem mudos
a pressa, o sonho, a perda;
a eternidade e a ferrugem.

Sobre tudo isso assombra-nos
a sua aparência imperturbável.

# III  Bate outra vez

CARACOL

livros que li

esta casca
de peles e palavras

esta casa
de danças e dilema
que me fiz

patuá de afetos
que me protege
por dentro de mim

POEMA

Você está ali
em pleno campo de batalha,
disposto a tudo.

Até a entrar pelo cano.
Mas é claro
que isso é muito
fora das probabilidades.

Confere o bolso traseiro:
a capa de toureiro está lá.

Vê que o grito está lá,
preparado goela abaixo,
pronto pra ferver o estômago,
passar batido, estourado,
pelo coração e romper a garganta.

Tudo pronto: você se enxerga
no meio da arena,
amando a própria coragem...

E dias depois, no hospital,
ainda acha que foi a brisa
o que lhe inebriou os sentidos.

Foi a brisa ou o grito inchado da geral?

O que não lhe fez perceber
de que lado veio
aquele cavalo a galope
de uma tonelada
que lhe pisou por cima
à mera ameaça que você fez
de erguer o muque
e tentar dizer
"eu te amo!"?

Tudo isso quando era tarde,
demasiadamente tarde.

## DOIS NOTURNOS PARA ELOISA

I

Venha como a tatuagem
que se faz às costas do medo
Venha como o risco da fantasia
que nos acode na noite
Venha como o sorrir sutil
que é estigma do segredo

Venha, deflua, passe
O mês é longo, a arte é breve
Mas, ante tudo, venha e grave
Desfaça o desespero
e nunca vá embora

De dentro do céu
esteja nos lugares-espaço
nos mais distantes ângulos
e no aqui afim aos cantos também

Como o amor
que nunca muda
que nos fica escondido
ainda que eterno
nas bermas da aorta
seja aí em cima
o pólen que as mães agitam

Abra-nos as mãos
talhe o não e o talvez
Venha, seja em nós:
que queremos tão pouco
que estamos mais humanos agora
com seu pequenino reino de luz


II

contra o breu
qualquer janela
desabriga-se
a sonhos de céu
a suspiros de brisa

por ali a árvore triste
sorri distribuída nos rebrilhos
peixes em dança no ar
ao correr de ladrilhos

no soalho
a capa do escaravelho
espelho de prata espaço
mínimo do universo
em que a morte não mora

ela diria: "as coisas
conspiram entre tranças
do destino entre as tramas
destes corpos celestes"

ele diz: "desejar um serrote
que corte a distância
e me traga sua mão
sob a noite estrelada"

UMA ILHA

falamos demasiadamente
é nossa forma
de fechar a boca

usamos o grito
em exagero
no molde perfeito da quietude

discursamos
berramos
dizemos

para que nenhum som
para que nenhuma palavra
liberte-se por entre os dentes

(que à distância parecem sorrir)

arengamos
urramos
oramos

para que o muro acolha
para que a parede dissolva
as sílabas reumáticas e domésticas

nascemos nesta babel
atiçamos o fogo do tumulto

disparamos as armas dos alaridos

e assim a bulha ajusta-se
a nossas mãos pequeninas
feito o mundo mouco
que fundou
uma ilha

uma ilha
onde se prende
se mata se morde
se estripa se esfola
se estupra se lincha
quem não fala

enquanto tudo respira
o perfume doce e azedo
do ensurdecedor silêncio

BATE OUTRA VEZ

ei! pombos de aço
de pedra que habitam
elétricos dentro do meu peito

aquietem-se acalmem-se
esta gaiola de carne e pejo
prende-os e todavia os ama

juntos vamos ao fim da rua, ou do horizonte:
é certo é justo, eu quero e preciso –
sem estes arrulhos sou uma coisa sem revolta

mas não vistam tantas patas de cavalo
não cisquem com chumbo
não sapateiem assim com pregos
assim as cãs do meu coração

prestem atenção neste corpo
de pinho que vem agora ao meu socorro
sintam este abraço de calma

em que me segura o violão
com que disfarço o desespero
em que me abrigo do tempo

não pesem tanto
não bulham: "é pau, é pedra,
é o fim do caminho"

é apenas outra espessa promessa
de vida leve pra quem sente
saudade de ser passarinho

não pesem tanto
não bulham: é aço, perda
e o fim do caminho?

## FÍSICA

não é preciso muita coisa
basta sentir o vento e a verdade
que ele carrega
porque a verdade existe

o vento não tem vergonhas, não tem culpa
não tem remorso nem pudor
ele passa sabendo passar

como uma verdade pesa
o vento não espera
ele venta, passa e atravessa
desvãos, buracos e sonhos

ele sabe que não é preciso muita coisa
apenas estar no planeta e passar

é preciso conduzir o frio
não estar aí pra nada

o vento nem sabe de nada
o vento passa sobre nós
que interrogamos sobre a justiça
a morte, o acúmulo a perversidade

o vento mira o timo
e intenta atravessar o corpo
especialmente de quem dorme

de quem finge dormir

o vento é a agulha que se injeta
naqueles que demitem a realidade e sonham
que seja possível o mundo sem vento

LENITIVO

O que podes
ao vento, coração
acuado, pedir?

Além de que sopre.
Que seja seu sopro
capaz de trazer

alguém.

Algum, alguma, que saiba
ensinar a ver além do lixo
e depois da fome dos ratos:

o alto da lua de outubro
o profundo do mar, o cântico
da luz de um sorriso futuro,

alguém.

Que seja cúmulo de engrenagens e rosas,
uma rara precipitação de ar respirável
e cheia de braços de amigos.

## PAISAGEM

Como estamos longe,
a vista é quase incapaz
de discernir os movimentos.

Mas sabemos, pela ajuda
providencial dos outros sentidos
que a história construiu:

"um jovem corre
através da planície e persegue
a beleza, que parece dizer não.

E por algum motivo
nos anima trazer ao colo
a suspeita de que ela diria
sim em certo momento
desta ou de outra qualquer encarnação.

A corrida continua.

O consolo é que ele a persegue,
por entre acordes azuis e verdes,
como se o presente fosse
o significado essencial do futuro."

A voz do velho que nos diz
tudo isso é bela demais
para que se possa

por em palavras. É bela:
como um livro grande,
pesado, com seu gosto
de outras mãos,
com seu perfume
de tanto tempo. É bela:
como é lindo um livro
*silencioso como o rio que deflui*,
um livro que abriga
o mundo e tudo
que ele transpira.

Uma paisagem é isso.
E olharmos para ela
é arriscar
o manuseio
do mais delicado
anzol: uma lágrima
de gentileza se derrama
e torna patente
que no meio das sombras
da anatomia do horizonte
repousa tranquilo
um animal bobo
chamado coração.

## ANATOMIA

Ignoram de mim muita coisa:
os cadarços laranja e também que padeça de autofonia.

Dentro do terno há um cabide de ossos, de trabalho precário, um corpo sem pólvora; em felicidade sonâmbula.

A ciência é incapaz de explicar quanto e quando o Todo se concentra na espinha e nos converte noutra espremida gota d'água.

A terra azul não é redonda e não tem esquinas. A voz repercute em retas. Aliás, não é voz, quando a voz não é ouvida.

Dispunha de uma teogonia dentro do bolso direito traseiro do jeans. Junto dos cigarros e dos fósforos queimados, alguns poemas mudos.

Um poema não aumenta a tristeza. Um poema abre a tristeza. Expande-a para dentro da carne. O que aumenta a tristeza é a fome.

A névoa que mais cega é o céu azul de Brasília quando a tarde
limpa espalma a mão sobre os rastros da desgraça.

Um poeta de cabelos alegres é um poeta no centro do picadeiro.
Um poeta aplaudido e morto, de branco, no meio do circo.

Preciso guardar teu sorriso daquela noite. Como se prende uma fera
numa caixa de papelão: víbora ou mandarim.

Apetrechos dos anos 70 rejuvenesceram antes de mim. Fabricam ainda long-plays
que não possuem nada além de música. O cheiro é outro, de pandemia.

Meus dedos engrenavam a construção de um mito. Mas, súbito, na água
fria mergulharam, engelharam. Não são mais dedos os dedos que endureceram.

Há coisas que se mexem quando o espelho me olha com os olhos
de quem já viveu em mim antes de meu corpo crescer no íntimo do tempo.

Neste atalho para o mundo – corpo – queda qualquer sombra de decifração.
É só a alguns palmos do chão que a beleza borbulha e resiste ao puro organismo.

SELO


espalho algumas palavras
sobre teu corpo
para tentar legar
aos que virão
mil anos depois de nós
a beleza tua
que orienta
a independência deste instante

mas desesperam frágeis
as palavras porque
não chegam a ti
não te recompõem
não te ultrapassam
são mínimas
diante do que inundas

e nessa insuficiência
tornam-se as palavras
mais humanas e reais
afeitas ao tempo
assimiladas à possibilidade
que emprenha
o que tem morte
e sabe de finais

pelo que não digo
pelo que me falta

pelo que desejo
abraço-te outra vez

e por um inusitado acontecer
tua beleza segue
reverberando para além
de cada conceito e de cada som

penetra sólida e calada
os desvãos
da vida
feito o riso rosa do sol
que colore nossa esperança
sob os milímetros doces da luz

tua beleza entretanto
deste longe sonho
sempre volta

e grava nas retinas tristes
do tempo o selo
que nos deixa mais vivos
através da teia
que a ti me ata

sob a forma do amor
que só se diz de todo
com as palavras
que a humanidade livre
ainda inventará

## RÉQUIEM PEQUENO

à janela
impassível arrepio
olho o jardim feito o vidro

os olhos
bem abertos
à bela imagem do desamparo

a flor
pétalas dormentes
aponta o núcleo para o zênite

só eu
sou capaz
de guardar essa flor aqui dentro

jardim outro
não há onde caiba
a eternidade que se eletriza
neste perecer

PRINCÍPIO ESPERANÇA

sei andar pelo passado
de pés descalços
elefante bailarino
precavido de suas areias
de sua nuvem de cerol
de sua noite de nós

mas o valor está
neste mar silencioso
que é a luz solar
do hipertônico presente
onde se ouvem
sussurros do carbono
que ainda não sou

pois dias que não se ajoelham diante da dor
        sim, acontecem,
se o cobre acordar clarim

## BATATAS DA VITÓRIA

Apenas
em último
caso, escreva
um poema.

O silêncio
é uma pedra
sábia,
e às vezes
pesada demais
para
as pretensões
da algibeira.

Apenas
quando não
haja outra
alternativa
no caminho
entre o teto
e o chão.

Só
quando soar
o alarma,
assopre
o velho chifre.

Diante
de quase
toda
emergência,
faça
a urgência
esperar:
feche o bico
e se pique.

# Notas

1 Primeiros versos do poema "Gegebenenfalls", que integra o volume *Leichter als luft* (1999) do poeta alemão. Uma tradução portuguesa na íntegra do poema foi feita por Alberto Pimenta, com o título "Dado o caso": "Escolhe entre os erros/ que tens à tua disposição,/ mas escolhe certo./ Talvez seja errado/ fazer o que está certo/ no momento errado,/ ou esteja certo/ fazer o que é errado/ no momento certo?/ Um passo ao lado,/ impossível de corrigir./ O erro certo,/ uma vez desaproveitado,/ não é fácil que volte a surgir". Em: ENZENSBERGER, Hans Magnus. *66 poemas*. Trad. Alberto Pimenta. Lisboa: Relógio D'agua, 2020.

2 "Se o cobre acorda clarim, nenhuma culpa lhe cabe." Frase da famosa carta do poeta francês Arthur Rimbaud (1854-1891) a Paul Demeny (1944-1918). É nesta carta que o poeta expõe os fundamentos de sua poética, ainda em gestação. Na frase imediatamente anterior a esta citada aqui, Rimbaud diz: "o Eu é um outro".

3 Em março de 2020, após a eclosão da primeira onda mundial da pandemia da COVID-19, a poeta brasileira Simone Brantes propôs uma "antologia da quarentena" em seu perfil no Facebook. O poema "O sonho de uma coisa" foi escrito neste contexto. De uma carta (datada de setembro de 1843) de Karl Marx (1818-1883) a Arnold Ruge (1802-1880), Pier Paolo Pasolini (1922-1975) retirou o título de sua primeira narrativa "Il sogno di una cosa...", escrita entre 1949 e 1950, mas publicada apenas em 1962.

4 Assim Daniel Defoe (1660-1731) inicia a narrativa do encontro de Robinson Crusoé com uma única pegada humana na praia da ilha onde vivia isolado: "Aconteceu um dia, quando em torno do meio-dia me encaminhava para o meu barco, de eu ficar extraordinariamente surpreso com a marca de um pé descalço de homem na praia, claramente visível na areia: foi como se um raio me tivesse atingido, ou como se tivesse avistado uma aparição". Em: DEFOE, Daniel. *Robinson Crusoé*. Trad. Sergio Flaksman. São Paulo: Penguin-Companhia (Kindle Edition).

5 Frase extraída da autobiografia "Eu mesmo", de Vladimir Maiakóvski (1893-1930), assim traduzida por Boris Schnaiderman: "Outros Maiakóvskis, ao que parece, não há". Em: MAIAKOVSKI, Vladimir. *Poemas*. Trad. Boris Schnaiderman, Augusto e Haroldo de Campos. São Paulo: Perspectiva, 2003.

6 Diz o sítio oficial do Museu Rodin: "*Sous le terme d'abattis, Rodin désignait ces « morceaux » auxquels il tenait tant, petits bras, têtes, jambes, mains et pieds, qu'il modelait en terre avant de les faire mouler en plâtre, en de nombreux exemplaires. Il obtenait ainsi un répertoire de formes dans lequel il n'hésitait pas à puiser pour compléter ses figures fragmentaires, recomposant de manière inédite groupes et assemblages. Cette manière de travailler nous plonge au cœur du processus de création de Rodin, qui tel un démiurge composait, décomposait et recomposait sans cesse. Les petits bras donnent également une idée de la richesse des attitudes – bras tendus ou coudés, main fermée, ouverte, poignet cassé – et de l'immense inventivité de Rodin, qui partait toujours de la réalité pour donner vie à ses créations*". Cf.: http://www.musee-rodin.fr/fr/collections/sculptures/abattis-bras-droits e http://www.musee-rodin.fr/fr/collections/sculptures/abattis--bras-droits-poignets-casses

# Índice de poemas

## I Conjuntura

Instância .................................................................................................. 11
Tábua da lei ............................................................................................. 15
Conjuntura ............................................................................................... 16
O ar ............................................................................................................ 19
Grito de bode .......................................................................................... 20
O intérrito ................................................................................................ 22
Estudo para sonho ................................................................................. 24
Queimada ................................................................................................. 26
Que horas são? ....................................................................................... 27
O sonho de uma coisa .......................................................................... 28
Da porta pra lá ....................................................................................... 31

## DUAS FÁBULAS

Contra a própria cabeça ...................................................................... 35
Fantasia .................................................................................................... 39

## II Você volta pra ela

Pegada ....................................................................................................... 43
Conto de fadas ....................................................................................... 46
Poesia ........................................................................................................ 48
*Abattis* para Rodin .............................................................................. 49
Doméstica ................................................................................................ 52
*Festina lente* ......................................................................................... 54
Atalaia ....................................................................................................... 56
Tranquilito ............................................................................................... 58
De noite eu rondo a cidade ................................................................. 59
Baleia ........................................................................................................ 60
O cão chupando manga ....................................................................... 62
Dia de Reis .............................................................................................. 64
Curumim .................................................................................................. 65
Lava-jato .................................................................................................. 67

DAMARIA

Você volta pra ela ............................................................................. 73
Bifocal............................................................................................... 75
Amiga Vênus .................................................................................... 76
Rainha .............................................................................................. 77
Graça ................................................................................................ 79
Safo ................................................................................................... 80
O ar de habitual de Tia Olga ............................................................ 81

III Bate outra vez

Caracol ............................................................................................. 85
Poema ............................................................................................... 86
Dois noturnos para Eloisa ............................................................... 88
Uma ilha ........................................................................................... 91
Bate outra vez .................................................................................. 93
Física ................................................................................................ 95
Lenitivo ............................................................................................ 97
Paisagem .......................................................................................... 98
Anatomia ........................................................................................ 100
Selo ................................................................................................. 102
Réquiem pequeno .......................................................................... 104
Princípio esperança ....................................................................... 105
Batatas da vitória ........................................................................... 106

## TÍTULOS DESTA COLEÇÃO

Quadripartida
PATRÍCIA PINHEIRO

couraça
DIRCEU VILLA

Casca fina Casca grossa
LILIAN ESCOREL

Cartografia do abismo
RONALDO CAGIANO

© 2021 por Alexandre Pilati
Todos os direitos desta edição reservados à Laranja Original.

www.laranjaoriginal.com.br

*Editores*              Filipe Moreau e Germana Zanettini
*Projeto gráfico*       Marcelo Girard
*Produção executiva*    Bruna Lima
*Diagramação*           IMG3

Dados Internacionais de Catalogação na Publicação (CIP)
(Câmara Brasileira do Livro, SP, Brasil)

Pilati, Alexandre
   Tangente do cobre : poemas / Alexandre Pilati. –
1. ed. – São Paulo : Editora Laranja Original, 2021.

   ISBN 978-65-86042-16-0

   1. Poesia brasileira I. Título.

21-59406                                          CDD-B869.1

Índices para catálogo sistemático:

1. Poesia : Literatura brasileira   B869.1

Aline Graziele Benitez - Bibliotecária - CRB-1/3129

Laranja Original Editora e Produtora Eireli
Rua Capote Valente, 1198
05409-003 São Paulo SP
Tel. 11 3062-3040
contato@laranjaoriginal.com.br

*Papel* Pólen Bold 90 g/m² / *Impressão* Gráfica Eskenazi / *Abril 2021*